PRESIDENTS STATES & CITIES

Brainy Puzzler Group

COPYRIGHT NOTICE

All rights reserved. No part of this publication may be reproduced, distributed, or transmitted in any form or by any means, including photocopying, recording, or other electronic or mechanical methods, without the prior written permission of the author, except in the case of brief quotations embodied in critical reviews.

HINTS

For the word search puzzles, find and circle the words that are hidden in the grid. The words may be placed horizontally, vertically or diagonally.

HOW TO PLAY WORD MATCH

PRESIDENT WORD MATCH A

GROVER *Cleveland*   POLK

RONALD   TAFT

WILLIAM   REAGAN

RICHARD   ADAMS

FRANKLIN   EISENHOWER

DWIGHT   COOLIDGE

JOHN   NIXON

JAMES   ROOSEVELT

ZACHARY   TAYLOR

JOHN   ~~CLEVELAND~~

Word Search

Puzzle #1

CITY WORD SEARCH A

B	O	F	G	T	M	J	G	M	B	K	X	U	S	Z
M	B	Z	P	N	H	N	G	V	V	F	M	J	O	F
K	A	H	W	P	O	I	P	P	B	G	U	O	G	H
L	B	T	E	S	G	T	V	X	S	W	P	K	B	B
R	T	A	L	L	M	J	N	M	K	O	B	L	R	W
M	J	A	T	A	E	O	S	E	M	E	L	A	S	T
J	F	P	L	O	N	N	N	J	R	H	A	H	B	E
Q	L	A	C	L	N	T	A	T	A	T	Y	O	S	P
T	M	H	J	Y	A	R	A	N	P	C	Q	M	G	S
P	K	N	P	M	N	H	O	A	O	E	M	A	W	Q
V	D	V	M	P	D	L	A	U	H	U	L	C	K	S
I	G	M	P	I	N	B	M	S	G	Z	E	I	I	C
C	U	R	D	A	T	L	F	C	S	E	R	T	E	C
Q	C	I	A	Y	J	M	K	C	L	E	G	Y	U	R
S	Z	E	S	P	R	I	N	G	F	I	E	L	D	J

ATLANTA OKLAHOMA CITY TALLAHASSEE
BATON ROUGE OLYMPIA TRENTON
HELENA SALEM
MONTPELIER SPRINGFIELD

Puzzle #2
CITY WORD SEARCH B

```
C E S S H C W Q O K N S P Y N
P W M O Q Q R Q U O W X W V G
G O K I Z Z N D V X A Q T R T
Q P M N M E Y N N M K G O X R
E C R A S P L P D O E M I Q U
E F X G D G W H P N M N V D C
U R M Q R I Z P C T F H O Q E
U A R B O U S L Y G U T C N U
K N E E J E B O B O M L Q I I
J K O N I U D S N M K W N H R
T F Z M U P F R I E P J R B C
T O E H G J V A H R L F Z A L
V R H J R H M T E Y R J U W Z
B T D B V E S I O B O A I H M
V Y L V Z U L U L O N O H I W
```

BOISE   JUNEAU   RICHMOND
FRANKFORT   MADISON
HARRISBURG   MONTGOMERY
HONOLULU   PIERRE

Puzzle #3

CITY WORD SEARCH C

```
K C O R E L T T I L N M H N D
L V N V V G I H Q B H Q N O V
U A I N D I A N A P O L I S L
J V S I I K T R C W K I O R U
A U G U S T A W W O R R X V S
A I M A S E S P P S L T X P V
G L B V K S Q U E H O N U R I
V T L M N E G K A X O Z H A T
N D S L U M P W N E S E I L F
I I M C K L S O G D R V N E W
D P R E D R O F T R A H C I T
G Y D C Z N W C S E S Z M G X
T Z Y U A L K R G Y X V E H M
E M W W R Z A E Y Z U P W E F
Q A W B M N O D W J I B K R N
```

AUGUSTA   INDIANAPOLIS   RALEIGH
AUSTIN   LINCOLN   TOPEKA
COLUMBIA   LITTLE ROCK
HARTFORD   PHOENIX

Puzzle #4

CITY WORD SEARCH D

```
T S P R O V I D E N C E F V P
X L I X O T N E M A R C A S X
U C V L A R T Y X D W A K A D
G C S Y O S F E T B A L T N X
M Z A C J P F K T A C A N T P
C E X R T J A C K S O N E A X
D A F Y S Z B N F O F S E F T
E N A A R O B O N L O I U E E
Z I E L G M N I O A S N B D P
X X I X B C S C S R P G D F X
X N F M Q A Z U I M J X Q L V
T L C V Z U N J Z T A A L T E
B L F L T H L Y B X Y R P M P
J S Y G Y S U B M U L O C Q O
H K E Y U M I O V B P V E K A
```

ALBANY   COLUMBUS   SACRAMENTO
ANNAPOLIS   JACKSON   SANTA FE
BISMARCK   LANSING
CARSON CITY   PROVIDENCE

Puzzle #5

CITY WORD SEARCH E

```
J S V I X N M N O T S O B R Z
K C S H D E R I M X N G R B P
C A T Z M H L W J M A S T L H
B H P L O E C L Z Q M O S J X
O H A D E S M O I N E S R H R
I Y U R Z Q Z U N V S L S E O
C M L V L F K I D C H Y R R R
C V N L A E B I Q H O S S S K
T N Q T N D S E F E S R A O B
Q R E V O D U T T Y F G D N I
Y Z F P U E E K O E G X T F V
O N K Y W D C N Y N J O S L P
D Z D A Q C R M V N F E Q L X
Z C L W V N D L N E T J L O C
X M O C D C S Z P R R H A Y X
```

BOSTON   DENVER   ST PAUL
CHARLESTON   DES MOINES
CHEYENNE   DOVER
CONCORD   NASHVILLE

Puzzle #6

FIRST LADY WORD SEARCH A

```
I Q M C Z C U B W S G C U D U
S D J A A X K P J Z A P D X Q
A O A E M R V H T Y V Q L W G
V U E N N I O F H E T D L I U
Q W L Z N Y E L L E N T D W E
Q H B O P A T C I L V E E N W
D L I N X W F Q T N U X Z B C
D R Y L N B P O M L E C A R G
O A I I L X I R G X Y L Y V J
I O U B B A O Z G B W G P U P
T X T P Y W R D E Z H K W L S
L J F W Z D O Y W P P E F J M
H Q U F C T A R U A L F R R Q
O N Z L Z P H L G V P R H V G
S A E C L D W T H R A T S Y W
```

ANNA
BETTY
CAROLINE
ELLEN
GRACE

HILLARY
IDA
LADY BIRD
LAURA
LUCY

MAMIE
PAT

FIRST LADY WORD SEARCH B

Puzzle #7

```
A C G Q X D W E L M B V V R S
N R U G P M N D T X D O I L W
M N A Y P K T Q I G G K U T E
U J E B Y J Q U U B P S H B M
M J T L R C U B H J L N R W K
K E D Q L A N L S O K U O C B
Y T U S S E B A I C G H J W Q
V O M N L T A I N A L E M C M
U E I A Y E L L O D S Y N C I
P A B Z R L T D P I S I C X C
B G J X I G A I T E R C U L H
C Z V O F W A W T J N Z X O E
Z A S W S M R R N I D R Y U L
V D L A Q F G Y E N A K F H L
D P Q K V Z K N U T V G L P E
```

BARBARA   LETITIA   MICHELLE
BESS   LOUISA   NANCY
DOLLEY   LUCRETIA
ELLEN   MARGARET
JULIA   MELANIA

Puzzle #8

FIRST LADY WORD SEARCH C

```
Y T L S L B B G R C J V E S U
P H S J B J Q E J O P B I Z E
K F A A A D N M A R Y T J R Z
B V Q N I S A R A H Y O I T R
V R W E N L Y V J R D Q L C F
X Z N C T A U B W R T C L H M
F U Z O N S H J F L E H C A R
T Q S F U J O T E A H P A S H
Y J Q H Z Q Z C E L V T B D E
U M Q C V H I C Y B I W I M W
D O O D Y X F E I K A Z G D T
E X B O K T A I M P T Z A Q E
O V F V U P V E W V J X I S K
T V S I W S E C N A R F L L M
Z N I O A H Y S Y I E L Y S E
```

ABIGAIL   HANNAH   RACHEL
EDITH   JANE   SARAH
ELIZA   JULIA
ELIZABETH   MARTHA
FRANCES   MARY

FIRST LADY WORD SEARCH D

```
F P K A G E L E A N O R X M D
C L O O B D N G A H E R W W O
T N O Q B I P I N L T Q Y Z Z
H U N R E T G P L E I R D M P
W H E Y E H U A Z E L Q A A Z
J B L C L N E O I W U S V M O
W T M D M A C L L L Q Q K A F
Z M C M U U S E E I B G C B R
R J F U Y X V O O N Z E A A I
L Y N Q F P J K R N J L I B J
V C Y V E Y V H V B M S V D W
K I N N U Q W C N P K J Y I L
F R P A B R A N T M W L B Q N
O T M Q S B G L A G A G L R E
G T Q E I A Y D C G G K C A B
```

ABIGAIL	HELEN	ROSALYNN
EDITH	JACQUELINE
ELEANOR	LOU
FLORENCE	MARTHA

Puzzle #10

NATIONAL PARKS A

```
T H H N J Y S Z U H T I L K R
E T Z N X B O U X D W R M O F
X W P R M L S P J O E U S H R
H D E G Y A Z R Q V L T Q Q O
R O Z R B K S S S C H C Q R C
I D N A O E D R D R R F U K R
N A B N U C W O N P C J M L T
D P M D R L J F B O M R X F I
E A V T E A K H T A I Y B S G
I V O E A R G C F X C Z L Z H
J L T T W K P W D S K C X Q W
B F A O W E H N K I Y O L K M
Z D D N P J X X V N H K A D J
Y A B R E I C A L G P O T C E
H P Y R F D J D A X U Q Y H C
```

DENALI   GLACIER BAY   GRAND TETON
KATMAI   LAKE CLARKE   ZION

Puzzle #11

NATIONAL PARKS B

```
V U H J R O T C T L O V U T T
S D R O J F I A N E K F U N S
X U U A C Q C P T O C L J T B
L W A Z H R D P M Z V B N Z D
P J O S H U A T R E E R M R L
X W L C E I C T G S Y Y B B U
M Z Q G I E U N E L G C Q Y J
D V S V X P E F F R A E V A J
K O S E C J M R H I L C T W G
E Z O Q U T J Y A Q T A I P K
X T M W R Y R N L G N N K E D
G R A N D C A N Y O N Y B E R
F Z E A T E N A J L Q O Q J Z
E R F M F Q R Z Y E R N C G R
O Z D O D L H Z M O Z J F K R
```

BRYCE CANYON GRAND CANYON REDWOOD
CONGAREE   JOSHUA TREE
CRATER LAKE KENAI FJORDS
GLACIER   OLYMPIC

Puzzle #12

NATIONAL PARKS C

```
R J G E S K E C I T E M B Y Z
H G G A L D J A U N G J Y R N
U M N R T A N T S F P T R V I
U K S C E E Y A S E Q Z K B X
A E S C X A W O L T X Z E T A
M V T P U G T A R N R J X V F
Y B L W O Q I B Y E O M I W Z
X W F F W R B U A A L Y I E O
H J B A D L A N D S R S N N W
W K E M F M E U G Z I C I A T
X K T G G Y Y Q G Y K N H F C
N R N A Y I X X J A P G M O R
Z U F W B W K C Q A S F A G C
F V U Z E N D N E B G I B I R
Z T X I G O E X J N Q B Q L W
```

BADLANDS   BIG BEND   CANYONLANDS
GATEWAY ARCH   GREAT BASIN   ISLE ROYALE
SAGUARO

Puzzle #13
NATIONAL PARKS D

X	Y	J	Y	E	R	A	R	B	F	B	R	O	G	M
A	T	H	P	B	N	G	T	I	I	F	P	T	G	C
V	L	H	P	G	L	O	I	Z	F	T	C	W	C	C
O	R	A	U	U	D	A	T	M	J	R	W	K	D	D
Y	A	Y	K	T	X	J	C	S	B	U	U	A	G	G
A	O	L	E	E	P	F	K	K	W	Y	N	C	H	P
G	B	W	P	L	L	W	E	O	C	O	M	X	R	L
E	V	E	R	G	L	A	D	E	S	A	L	H	N	O
U	G	R	Q	Y	U	A	H	D	J	L	N	L	F	T
R	W	Y	F	S	V	J	V	C	F	E	P	Y	E	F
S	P	H	E	G	L	T	Q	H	T	Q	E	C	O	Y
P	B	V	C	P	C	W	S	P	T	J	A	B	E	N
X	A	X	S	O	U	Z	I	O	M	A	J	S	L	K
Q	C	G	O	M	C	G	X	Q	F	J	E	X	X	M
B	K	G	T	P	F	H	Y	N	E	G	P	D	E	X

BLACK CANYON   DEATH VALLEY   EVERGLADES
HALEKALA   VOYAGEURS   YELLOWSTONE

Puzzle #14

NATIONAL PARKS E

```
N E P U L A D A U G Z S F G I
F E C Q V E A H Y P J Y J Y X
C L D L C H Y S N G J O Z Q F
S C M R E O H U E N U S H D F
O B D P E J R X M T I E Y B I
M O B R P V T E U H V M G Q L
I V N O Y N A C S G N I K V H
U R G O S Z N S L C C T W N M
S C D Z U E I Y E T Z E G E U
Z G C U G B Q U O M D P P V M
D R Y T O R T U G A S X R Y S
V D S E I P S G O A R E U U K
A Y C P C J C Y W I S W L R S
C H S R S H Q F L E A D V O X
C T G G M V X F A I D A C A R
```

ACADIA
KINGS CANYON
YOSEMITE

DRY TORTUGAS
MESA VERDE

GUADALUPE
SEQUOIA

Puzzle #15

NATIONAL PARKS F

```
S S H E N A N D O A H D R R E
F P I G T L G R R V W W Y B G
S E V A C H T O M M A M I B M
S G E M Y A J Z E W H P C Y O
B B N R O E V A C D N I W Z S
U L B I L U L V A H P Q A M H
O V B B R O N L V R P K B Q V
C X W I Q P T T A C C O J U A
T Y P E S T S I R V T H G Q C
V V T C P C T T P A K G E S G
C T A Z U U A D O A I U H S Z
K P X W J G E Y Q H C N B M F
U X E L W U A Q N S H N I O W
P K P I N N A C L E S P G E K
T X I F L L H D A H F S L W R
```

ARCHES
BISCAYNE
CAPITOL REEF
HOT SPRINGS
KOBUK VALLEY
MAMMOTH CAVE
MOUNT RAINIER
PINNACLES
SHENANDOAH
WIND CAVE

Puzzle #16

PRESIDENT WORD SEARCH A

```
U E R F U I E Z L G W C W M Q
H I K E N N E D Y T T B T C A
O Z R P L O K X P O E R F K E
C T W O W Y S Z M Y V B Z I D
F W R D O N T R R E A G A N O
T P E J M S H L E L L N E L U
R E H J Y M E M M F M D Z E S
U U U V S B O V Z H F R F Y R
M W H K X L J N E A S E X L N
A T C T A W C O K L U U J R T
N R F O R D X V H N T B B K T
A T K Z H A R D I N G V K W I
S H V J J G Q Y U B S R I L H
Y Z X T R R V U P V F O X W L
D F T Y M V I A C U I N N G J
```

ARTHUR   JOHNSON   TRUMAN
FORD   KENNEDY   TYLER
H W BUSH   MCKINLEY
HARDING   REAGAN
JEFFERSON   ROOSEVELT

PRESIDENT WORD SEARCH B

```
Q Z F M B Y X T A X E R F R O
F A L R A O M X L A B O T X G
G C S U S D A O I G M O H Z V
V E L E P N I F N N O S L I W
O J M E P N O S C R V E F Q R
D Y S Z V W O C O K O V D F C
F R B M T E F T L N G E Y N H
R E N E B N L R N X F L Q E I
D J C H Y P A A V I W T Q N E
H A R R I S O N N X L A N R C
G Y Y D E W J L A D G C C T V
Y W Q F T I A O K H D W W G B
L E H X O M P L L F C T J P C
N A A N E R U B N A V U W U J
C K E H M O J X M C Z O B A F
```

BUCHANAN
CLEVELAND
CLINTON
HARRISON
LINCOLN

MADISON
MONROE
PIERCE
POLK
ROOSEVELT

VAN BUREN
WILSON

Puzzle #18

PRESIDENT WORD SEARCH C

```
D R R L B W W G Y B N A Q N P
Z C E D H R E V G H E I G C L
B Y H W L T F Y B N C I L A H
O Q K T O E P B O R O Y O R X
A J U V F H I U G F O K P T H
D A A Q R A N F N W L V V E F
L Z P C T Y T E R A I P G R L
X D U Z K E E G S A D M J V A
D G Z Z Z S R Y V I G W Z Q D
B Y F E T J O K H V E O T Y A
E F U I C N H N P Z R Z A P M
I Y V D W O Q I H M B N P Z S
K P W Y Q U R X Q E U I D U P
D E C E L U M O T N A R G C Q
K Z N Z W M U N D A N N T Q Z
```

ADAMS
ADAMS
CARTER
COOLIDGE
EISENHOWER
GARFIELD
GRANT
HAYES
JACKSON
NIXON
TAFT
TRUMP

Puzzle #19

PRESIDENT WORD SEARCH D

```
I A A L N O A J R O O D W G Q
W J C S B O A E A F J B L B C
Z N S E J O T W O S M Q D R N
I L R P X Z F G C B X R L S G
W R I X Q Y N M N B P H L L Q
G Z P X P U R O U I A E D R C
Q Q K E D C M E S I H U H Q V
O N K F L N G I V I Z S X E C
W O O H O I A J A O R Y A R A
F H K S S F I L L M O R E W O
J N F K N U N V E O A H A N Q
R R X V O H B K R V W B I H Y
X H F K W X O W M V E I O G D
J L C D L H F J E R O L Y A T
U Q G A M E R G G H X V C K Y
```

CLEVELAND   JOHNSON   WASHINGTON
FILLMORE   OBAMA
HARRISON   TAYLOR
HOOVER   W BUSH

Puzzle #20

STATE WORD SEARCH A

```
V I V N E W M E X I C O Y N Z
X E L T W P A C R M W K G L L
B Q T X N Z S R Z O G H E Y Z
O P W A A H S N U N D J O O V
D E B A F S A I D T W R R O F
N N D H G G C T O A G K G V T
Z N W T S O H M A N O Z I R A
U S J Q X T U T P A I W A M O
P Y M O P J S M N C Z L U Z W
R L G I Y H E A M O H A L K O
D V W M Y Z T D B F M V B I E
I A I O M A T T E P D R R F X
Z N H Z Q J S B G V U I E A V
A I A I E B Y A T H W F X V N
X A Q R H O D E I S L A N D Z
```

ARIZONA   MONTANA   RHODE ISLAND
GEORGIA   NEW MEXICO   VERMONT
ILLINOIS   OKLAHOMA
MASSACHUSETTS   PENNSYLVANIA

Puzzle #21

STATE WORD SEARCH B

```
L G O F S V L G H E K N J R U
Q Z E N N X U B V M I C W B P
P P L Z C N R F X T L M B H X
T W P G A E O U M O J M Y U D
D N Y V R D V T B P W M A A Y
R C A D O S T S G T E Z J L F
M A A G L Y U R A N G U Z Y H
Y L L N I R U O S S I M X N Z
V K U B N H A O O H X H Q N G
K O C K A Z C Q H O Z E S L L
A M Y U A N A I S I U O L A V
O C V M T N U S M F O F E I W
G Q P Y I N S G C O B Z E L R
H L S Q M P E A K S A R B E N
E C E Z Q D A K S A L A M H V
```

ALASKA   MICHIGAN   OHIO
KANSAS   MISSOURI   WASHINGTON
KENTUCKY   N CAROLINA
LOUISIANA   NEBRASKA

Puzzle #22
STATE WORD SEARCH C

```
O A K P X T B L R U S X H B A
A Y T M H I T A R N K X U T Z
N I S N O C S I W C M X E F O
P A N I L O R A C S K Q Q D T
I W T I N G D F K S O X N O R
F Y N O G E R O B W Y B W G U
I E D C K R N D J P F Y K I F
Z M T N J A I S K B F V L P F
G N F I A A D V U V Q Q P R M
R T E L A L N H T X N E X U F
O Q E V O D Y G T S F H H J S
U N K O A R B R S R E Y H U Q
I D U H G D I D A H O W L V V
Y C O L O R A D O M R N Z B N
L U J N X K D K A C F Q C O H
```

COLORADO   NEVADA   WEST VIRGINIA
FLORIDA   NORTH DAKOTA   WISCONSIN
IDAHO   OREGON
MARYLAND   S CAROLINA

Puzzle #23

STATE WORD SEARCH D

```
C S A A N A Z I O E B G Y E A
E Z G N T R C H D Q Y X U X R
G I D P E O V I A C W A B I K
L E E F W W K D Q T G E V I A
J C R Y J N J A Z A U E J E N
L Z O A A G H E D F A K A R S
S Q G P W T Q A R H L J H C A
V L K N W A J K H S T M X Y S
U H E O I D L D I L E U T D F
E U A T O M L E K N C Y O Y P
K K N W W R O N D Y D R N S G
U A H Y A E H Y R Y C I U N S
Y O S U H I M F W E J J A O L
V I R G I N I A V T D S E N E
U A P Y W Z C C A L A B A M A
```

ALABAMA   INDIANA   VIRGINIA
ARKANSAS   NEW JERSEY   WYOMING
DELAWARE   SOUTH DAKOTA
HAWAII   UTAH

Puzzle #24

STATE WORD SEARCH E

```
P D I D T W I E C V Y X P F I
K B I P P I S S I S S I M F E
I K F I M W J T U C N V W O I
L P C T I V H T E A E C O P O
W N X O N D M S F L W T D D G
Q M A I N E A R D I Y O H H W
V P T J E N T Y A F O W I Q E
E E E Q S H E A S O R Z N Y N
A F N D O L X C D R K Z J W Q
D R N Z T G A A T N C C D E M
G P E G A Y S I Q I I L D M Z
K P S L M L X K N A C Y Z R C
V W S D J J Q R R F A U H V N
U N E E G T Y Q K U M M T F Y
B T E R I H S P M A H W E N L
```

CALIFORNIA   MINNESOTA   TENNESSEE
CONNECTICUT   MISSISSIPPI   TEXAS
IOWA   NEW HAMPSHIRE
MAINE   NEW YORK

Word Match

Puzzle #1
FIRST LADY WORD MATCH A

MARGARET	HARRISON
LAURA	ADAMS
ABIGAIL	TYLER
CAROLINE	WASHINGTON
SARAH	WILSON
MICHELLE	BUSH
IDA	TAYLOR
JULIA	OBAMA
MARTHA	TRUMAN
BESS	MCKINLEY
LOUISA	ADAMS
ELLEN	POLK

Puzzle #2
FIRST LADY WORD MATCH B

FRANCES	GRANT
FLORENCE	COOLIDGE
LADY BIRD	JOHNSON
GRACE	FORD
JULIA	WILSON
HELEN	HARRISON
DOLLEY	TAFT
BETTY	VAN BUREN
HANNAH	CLEVELAND
ANNA	JOHNSON
EDITH	HARDING
ELIZA	MADISON

Puzzle #3
FIRST LADY WORD MATCH C

RACHEL	GARFIELD
HILLARY	ROOSEVELT
MELANIA	JEFFERSON
ELIZABETH	TRUMP
MARTHA	MONROE
MAMIE	TYLER
LUCRETIA	FILLMORE
LETITIA	REAGAN
JANE	CLINTON
NANCY	JACKSON
ABIGAIL	PIERCE
ELEANOR	EISENHOWER

Puzzle #4
FIRST LADY WORD MATCH D

BARBARA   BUSH

MARY   KENNEDY

ROSALYNN   CARTER

PAT   ARTHUR

JACQUELINE   HAYES

EDITH   ROOSEVELT

LUCY   HOOVER

ELLEN   NIXON

LOU   LINCOLN

Puzzle #5
PRESIDENT WORD MATCH A

GROVER	POLK
RONALD	TAFT
WILLIAM	REAGAN
RICHARD	ADAMS
FRANKLIN	EISENHOWER
DWIGHT	COOLIDGE
JOHN	NIXON
JAMES	ROOSEVELT
ZACHARY	TAYLOR
JOHN	CLEVELAND
JAMES	BUCHANAN
CALVIN	TYLER

Puzzle #6
PRESIDENT WORD MATCH B

WILLIAM	KENNEDY
JAMES	LINCOLN
HERBERT	PIERCE
ABRAHAM	GARFIELD
GEORGE	H W BUSH
JAMES	JOHNSON
JAMES	MADISON
FRANKLIN	HOOVER
JOHN	CLINTON
GEORGE	MONROE
JOHN	ADAMS
ANDREW	WASHINGTON

Puzzle #7
PRESIDENT WORD MATCH C

GERALD	TRUMAN
MARTIN	CARTER
GEORGE	GRANT
LYNDON	VAN BUREN
THOMAS	JOHNSON
ULYSSES	FORD
RUTHERFORD	HARDING
WILLIAM	JEFFERSON
ANDREW	JACKSON
HARRY	W BUSH
WARREN	HAYES
JAMES	HARRISON

Puzzle #8
PRESIDENT WORD MATCH D

BARACK	WILSON
MILLARD	TRUMP
WOODROW	HARRISON
DONALD	CLEVELAND
BENJAMIN	ARTHUR
GROVER	MCKINLEY
CHESTER	ROOSEVELT
THEODORE	FILLMORE
WILLIAM	OBAMA

Puzzle #9
STATE WORD MATCH A

SOUTH DAKOTA	CHARLESTON
OHIO	MADISON
MARYLAND	HARTFORD
N HAMPSHIRE	ATLANTA
GEORGIA	OKLAHOMA
W VIRGINIA	MONTPELIER
VERMONT	PIERRE
CONNECTICUT	PHOENIX
WISCONSIN	CONCORD
OKLAHOMA	ANNAPOLIS
IDAHO	COLUMBUS
ARIZONA	BOISE

Puzzle #10
STATE WORD MATCH B

FLORIDA	HELENA
MONTANA	ALBANY
LOUISIANA	TRENTON
MINNESOTA	FRANKFORT
NEW JERSEY	ST PAUL
MICHIGAN	SALT LAKE
UTAH	TALLAHASSEE
WASHINGTON	LANSING
NEW YORK	OLYMPIA
ARKANSAS	LITTLE ROCK
RHODE ISLAND	BATON ROUGE
KENTUCKY	PROVIDENCE

Puzzle #11
STATE WORD MATCH C

OREGON	CHEYENNE
MAINE	SACRAMENTO
WYOMING	AUSTIN
MISSOURI	LINCOLN
NORTH DAKOTA	SANTA FE
NEBRASKA	BISMARCK
NEW MEXICO	INDIANAPOLIS
TEXAS	JEFFERSON
INDIANA	SALEM
CALIFORNIA	AUGUSTA
ILLINOIS	SPRINGFIELD
DELAWARE	DOVER

Puzzle #12
STATE WORD MATCH D

S CAROLINA	NASHVILLE
PENNSYLVANIA	JACKSON
MASSACHUSETT	TOPEKA
COLORADO	MONTGOMERY
VIRGINIA	DES MOINES
MISSISSIPPI	DENVER
IOWA	CARSON CITY
TENNESSEE	BOSTON
ALABAMA	RALEIGH
KANSAS	HARRISBURG
N CAROLINA	RICHMOND
NEVADA	COLUMBIA

Answers

Answers

CITY WORD SEARCH A
Puzzle # 1

CITY WORD SEARCH B
Puzzle # 2

CITY WORD SEARCH C
Puzzle # 3

CITY WORD SEARCH D
Puzzle # 4

CITY WORD SEARCH E
Puzzle # 5

FIRST LADY WORD SEARCH A
Puzzle # 6

FIRST LADY WORD SEARCH B
Puzzle # 7

FIRST LADY WORD SEARCH C
Puzzle # 8

FIRST LADY WORD SEARCH D
Puzzle # 9

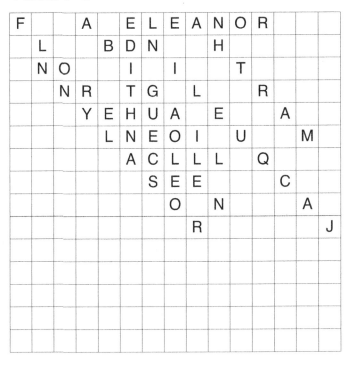

NATIONAL PARKS A
Puzzle # 10

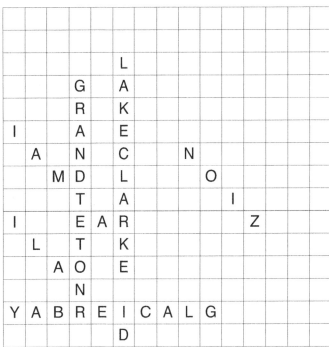

NATIONAL PARKS B
Puzzle # 11

NATIONAL PARKS C
Puzzle # 12

NATIONAL PARKS D
Puzzle # 13

NATIONAL PARKS E
Puzzle # 14

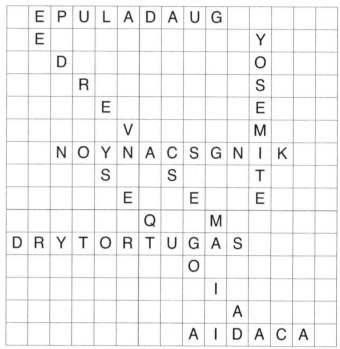

NATIONAL PARKS F
Puzzle # 15

PRESIDENT WORD SEARCH A
Puzzle # 16

PRESIDENT WORD SEARCH B
Puzzle # 17

PRESIDENT WORD SEARCH C
Puzzle # 18

PRESIDENT WORD SEARCH D
Puzzle # 19

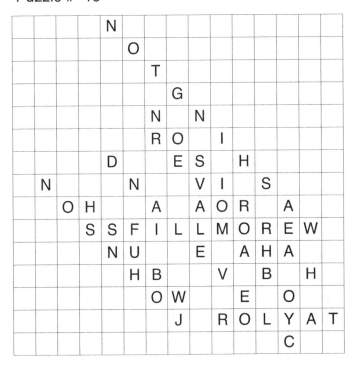

STATE WORD SEARCH A
Puzzle # 20

STATE WORD SEARCH B
Puzzle # 21

STATE WORD SEARCH C
Puzzle # 22

STATE WORD SEARCH D
Puzzle # 23

STATE WORD SEARCH E
Puzzle # 24

Puzzle #1
FIRST LADY WORD MATCH A

MARGARET	=	TAYLOR
LAURA	=	BUSH
ABIGAIL	=	ADAMS
CAROLINE	=	HARRISON
SARAH	=	POLK
MICHELLE	=	OBAMA
IDA	=	MCKINLEY
JULIA	=	TYLER
MARTHA	=	WASHINGTON
BESS	=	TRUMAN
LOUISA	=	ADAMS
ELLEN	=	WILSON

Puzzle #2
FIRST LADY WORD MATCH B

FRANCES	=	CLEVELAND
FLORENCE	=	HARDING
LADY BIRD	=	JOHNSON
GRACE	=	COOLIDGE
JULIA	=	GRANT
HELEN	=	TAFT
DOLLEY	=	MADISON
BETTY	=	FORD
HANNAH	=	VAN BUREN
ANNA	=	HARRISON
EDITH	=	WILSON
ELIZA	=	JOHNSON

Puzzle #3
FIRST LADY WORD MATCH C

RACHEL	=	JACKSON
HILLARY	=	CLINTON
MELANIA	=	TRUMP
ELIZABETH	=	MONROE
MARTHA	=	JEFFERSON
MAMIE	=	EISENHOWER
LUCRETIA	=	GARFIELD
LETITIA	=	TYLER
JANE	=	PIERCE
NANCY	=	REAGAN
ABIGAIL	=	FILLMORE
ELEANOR	=	ROOSEVELT

Puzzle #4
FIRST LADY WORD MATCH D

BARBARA = BUSH

MARY = LINCOLN

ROSALYNN = CARTER

PAT = NIXON

JACQUELINE = KENNEDY

EDITH = ROOSEVELT

LUCY = HAYES

ELLEN = ARTHUR

LOU = HOOVER

Puzzle #5
PRESIDENT WORD MATCH A

GROVER = CLEVELAND

RONALD = REAGAN

WILLIAM = TAFT

RICHARD = NIXON

FRANKLIN = ROOSEVELT

DWIGHT = EISENHOWER

JOHN = TYLER

JAMES = POLK

ZACHARY = TAYLOR

JOHN = ADAMS

JAMES = BUCHANAN

CALVIN = COOLIDGE

Puzzle #6
PRESIDENT WORD MATCH B

WILLIAM	=	CLINTON
JAMES	=	MADISON
HERBERT	=	HOOVER
ABRAHAM	=	LINCOLN
GEORGE	=	H W BUSH
JAMES	=	MONROE
JAMES	=	GARFIELD
FRANKLIN	=	PIERCE
JOHN	=	ADAMS
GEORGE	=	WASHINGTON
JOHN	=	KENNEDY
ANDREW	=	JOHNSON

Puzzle #7
PRESIDENT WORD MATCH C

GERALD = FORD

MARTIN = VAN BUREN

GEORGE = W BUSH

LYNDON = JOHNSON

THOMAS = JEFFERSON

ULYSSES = GRANT

RUTHERFORD = HAYES

WILLIAM = HARRISON

ANDREW = JACKSON

HARRY = TRUMAN

WARREN = HARDING

JAMES = CARTER

Puzzle #8
PRESIDENT WORD MATCH D

BARACK = OBAMA

MILLARD = FILLMORE

WOODROW = WILSON

DONALD = TRUMP

BENJAMIN = HARRISON

GROVER = CLEVELAND

CHESTER = ARTHUR

THEODORE = ROOSEVELT

WILLIAM = MCKINLEY

Puzzle #9
STATE WORD MATCH A

SOUTH DAKOTA = PIERRE

OHIO = COLUMBUS

MARYLAND = ANNAPOLIS

N HAMPSHIRE = CONCORD

GEORGIA = ATLANTA

W VIRGINIA = CHARLESTON

VERMONT = MONTPELIER

CONNECTICUT = HARTFORD

WISCONSIN = MADISON

OKLAHOMA = OKLAHOMA

IDAHO = BOISE

ARIZONA = PHOENIX

Puzzle #10
STATE WORD MATCH B

FLORIDA = TALLAHASSEE

MONTANA = HELENA

LOUISIANA = BATON ROUGE

MINNESOTA = ST PAUL

NEW JERSEY = TRENTON

MICHIGAN = LANSING

UTAH = SALT LAKE

WASHINGTON = OLYMPIA

NEW YORK = ALBANY

ARKANSAS = LITTLE ROCK

RHODE ISLAND = PROVIDENCE

KENTUCKY = FRANKFORT

Puzzle #11
STATE WORD MATCH C

OREGON = SALEM

MAINE = AUGUSTA

WYOMING = CHEYENNE

MISSOURI = JEFFERSON

NORTH DAKOTA = BISMARCK

NEBRASKA = LINCOLN

NEW MEXICO = SANTA FE

TEXAS = AUSTIN

INDIANA = INDIANAPOLIS

CALIFORNIA = SACRAMENTO

ILLINOIS = SPRINGFIELD

DELAWARE = DOVER

Puzzle #12
STATE WORD MATCH D

S CAROLINA = COLUMBIA

PENNSYLVANIA = HARRISBURG

MASSACHUSETT = BOSTON

COLORADO = DENVER

VIRGINIA = RICHMOND

MISSISSIPPI = JACKSON

IOWA = DES MOINES

TENNESSEE = NASHVILLE

ALABAMA = MONTGOMERY

KANSAS = TOPEKA

N CAROLINA = RALEIGH

NEVADA = CARSON CITY

Made in the USA
Las Vegas, NV
03 December 2024

13277525R10037